우리 집에 멍이가 들어왔어요

서울대학교동물병원 Health⁺1

우리 집에 멍이가 들어왔어요
입양에서 장례까지

초판 1쇄 발행 2017년 8월 30일
초판 2쇄 발행 2018년 1월 20일

지은이 신남식·김선아
펴낸이 성낙인
펴낸곳 서울대학교출판문화원

출판등록 제15-3호

주소 08826 서울 관악구 관악로 1
대표전화 02-880-5252 | 팩스 02-888-8148
홍보마케팅팀(주문 상담) 02-889-4424, 02-880-7995
이메일 snubook@snu.ac.kr
홈페이지 www.snupress.com

ISBN 978-89-521-1974-2
978-89-521-1973-5(세트)

서울대학교
동물병원
Health+1

우리 집에 멍이가 들어왔어요

신남식 · 김선아 지음

입양에서
장례까지

서울대학교출판문화원

발간사

1인 가구의 급증 및 저출산·고령화 현상과 더불어 반려동물과 함께 사는 가정이 나날이 증가하고 있습니다. 한국보건사회연구원의 통계에 의하면, 한국의 경우 반려동물과 함께 사는 가구는 4가구 중 1가구에 달한다고 합니다. 반려동물과 함께 살아가는 인구가 천만이 넘는 시대가 된 것입니다.

반려동물이 우리 생활권 안에 깊숙이 들어온 만큼 이에 대한 정보 또한 넘쳐나도록 풍부해졌습니다. 그러나 그만큼 잘못된 정보들이 인터넷과 오프라인 공간을 무차별적으로 넘나들고 있는 실정입니다. 서울대학교동물병원 Health⁺ 시리즈는 이러한 상황에서 반려동물의 건강 및 질병, 올바른 관리법 등에 대한 표준화된 정보를 제공하고자 기획·발간되었습니다.

서울대학교동물병원 Health⁺ 시리즈는 무엇보다 정확한 근거를 둔 의학 정보를 제시하는 데 중점을 두었습니다. 이를 위해 서울대학교동물병원 교수진이 직접 전공 진료과별로 다양하게 검증된 의학 정보를 선별하여 수록하였습니다. 뿐만 아니라 다양한 사례와 사진, 그림 자료를 수록하여 자칫 딱딱

하고 어렵게 느껴질 수 있는 전문 지식을 최대한 쉽게 전달하려고 노력하였습니다. 각 권 말미의 Q&A에서는 반려동물과 함께하며 겪을 수 있는 문제들과 그 해법을 실었습니다.

반려동물의 행복은 반려동물과 함께 사는 사람의 행복과 깊은 관련이 있습니다. 서울대학교동물병원 Health⁺ 시리즈가 반려동물의 건강에 기여하고, 나아가 반려동물과 함께 살아가는 여러분의 행복에 보탬이 되기를 바랍니다.

끝으로 이 책이 출판되기까지 오랜 기간 동안 애써 주신 서울대학교동물병원의 서강문 전임 원장님과 집필 교수진, 그리고 서울대학교출판문화원 관계자 여러분께 감사의 말씀을 드립니다. 이 시리즈의 발간으로 '동물과 사람의 행복 나눔'이라는 서울대학교동물병원의 꿈에 한 발짝 더 나아갈 수 있게 되기를 기대합니다.

2017년 8월

서울대학교동물병원장 윤정희

차례

01

멍이를 키우고 싶은데 어떤 품종이 좋을까요?

반려동물은 평생 함께해야 하는 또 하나의 가족이다.
따라서 반려동물을 입양할 때에는
우리 가족의 특성과 잘 맞는지 신중하게 고려해야 한다.

제3의 가족, 반려동물

반려동물은 즐거움이나 이익을 위한 수단으로 길러지는 동물이 아닌, 생명체로서 존중되고 사람과 더불어 살면서 교감하는 가족의 일원으로 생각되는 동물을 말한다.

최근에는 개와 고양이뿐만 아니라 새, 토끼, 파충류, 물고기 등 다양한 동물을 반려동물로 키우는 가족이 늘고 있다.

반려동물과 함께한다는 것

반려동물과 함께한다는 것은 수명 기간인 15~20년 동안 그들에 대해 무한한 책임을 지는 것이다. 강아지일 때는 인형처럼 귀엽고 사랑스럽지만, 그 기간뿐만 아니라 나이 들어 수명이 다하는 날까지 매일매일 밥을 챙기고 산책도 시키고 건강을 돌보는 등 많은 시간과 노력이 필요하다.

반려동물이 있으면 장시간 집을 비우기도 어렵다. 질병 예방을 위해서 정기적으로 병원에 방문해 건강 관리를 해야 하고, 아프면 병원에 가서 검사를 받고 치료도 해야 한다. 말로 표현하지 못하는 동물들은 진단을 위해서 많은 검사가 필요하기 때문에 진료비가 비쌀 수밖에 없다.

반려견의 경우 나이가 들어 아픈 곳이 많아지면서 치료비가 많이 들어갈 수 있다.

반려동물과 함께한다는 것은, 먹이와 건강 검진, 그리고 아팠을 때 치료비를 생각하면 15~20년 동안 수천만 원의 경제적인 부담을 예상해야 하고, 이에 대해 책임을 질 준비가 되어 있어야 한다는 것을 의미한다.

반려동물은 스스로 할 수 있는 것이 별로 없는 아기와 같다. 그래서 아기를 키우는 것처럼 시간과 노력, 그리고 비용까지 책임져야 하는 가족이 바로 반려동물이다. 바쁘다고 아프다고 비싸다고 포기하는 것은 가족이 아니다. 반려동물은 가족이다.

우리나라에서 주로 키우는 반려견 품종의 특징

반려견을 입양하여 키우고 싶은데 어떤 품종을 선택해야 할지 고민하는 분들을 위해 다양한 종류의 반려견과 성격 및 특징에 대해 소개한다.

시추(스쯔)

크기	🐾🐾	품종소인
친화력	🐾🐾🐾🐾🐾	단두종 호흡기증후군,
활동성	🐾🐾	안과질환 등
교육성	🐾🐾🐾	
털빠짐		

몰티즈

크기	🐾	품종소인
친화력	🐾🐾🐾🐾	심혈관계, 관절, 귀 등
활동성	🐾🐾	
교육성	🐾🐾🐾	
털빠짐		

품종소인 품종에 따라 선천적으로 쉽게 나타날 수 있는 있는 질병

치와와

크기 🐾
친화력 🐾🐾
활동성 🐾🐾
교육성 🐾🐾
털빠짐 🐾🐾🐾🐾🐾

품종소인
신경, 골격계,
호흡심혈관계 등

푸들

크기 🐾🐾
친화력 🐾🐾🐾🐾🐾
활동성 🐾🐾🐾🐾
교육성 🐾🐾🐾🐾🐾
털빠짐

품종소인
호흡계, 심혈관계,
안과(백내장), 신경,
골격계 등

요크셔테리어

크기 🐾
친화력 🐾
활동성 🐾🐾🐾
교육성 🐾🐾
털빠짐

품종소인
심혈관,
비뇨기계(신장결석) 등

포메라니안

크기 🐾
친화력 🐾🐾🐾🐾🐾
활동성 🐾🐾🐾
교육성 🐾🐾🐾
털빠짐 🐾🐾🐾🐾🐾

품종소인
심혈관(기관협착증),
신경(수두증) 등

닥스훈트

크기	🐾🐾
친화력	🐾🐾
활동성	🐾🐾🐾🐾🐾
교육성	🐾🐾
털빠짐	🐾🐾🐾🐾🐾

품종소인
골격계, 피부과,
심혈관 등

페키니즈

크기	🐾🐾
친화력	🐾🐾🐾🐾
활동성	🐾🐾
교육성	🐾🐾
털빠짐	🐾🐾🐾🐾🐾

품종소인
안과, 피부과(지간염),
근골격계, 단두종 호흡기
증후군 등

슈나우저

크기	🐾🐾
친화력	🐾🐾🐾🐾
활동성	🐾🐾🐾
교육성	🐾🐾🐾
털빠짐	🐾

품종소인
비뇨기계(결석),
피부과 등

코커스패니얼

크기	🐾🐾🐾
친화력	🐾🐾🐾🐾🐾
활동성	🐾🐾🐾🐾
교육성	🐾🐾🐾
털빠짐	🐾🐾🐾

품종소인
피부과(귀), 근골격계,
안과 등

골든 리트리버

크기	🐾🐾🐾🐾🐾	**품종소인**
친화력	🐾🐾🐾🐾🐾	관절염, 비만 등
활동성	🐾🐾🐾🐾	
교육성	🐾🐾🐾🐾	
털빠짐	🐾🐾🐾	

비글

크기	🐾🐾	**품종소인**
친화력	🐾🐾🐾🐾🐾	척추디스크(추간판 헤르니아), 안과(백내장, 녹내장) 등
활동성	🐾🐾🐾🐾🐾	
교육성	🐾🐾	
털빠짐	🐾🐾🐾🐾🐾	

자료: 한국동물병원협회

궁합이 맞는 반려동물을 선택하자

가족의 생활패턴에 맞는 반려견

반려견과 함께할 수 있는 시간

반려동물은 보호자와 함께하는 시간이 꼭 필요하다. 함께할 수 있는 시간이 하루 1시간도 되지 않는다면 반려동물을 맞이할 환경이 아니라고 할 수 있다.

활동성이 클수록 산책이 더 많이 필요하다. 즉 활동성이 클수록 반려동물과 함께하는 시간은 더 많아야 한다. 보통의 활동성을 가진 견종이라면 매일 최소한 30분에서 1시간 동안의 산책이 필요하고, 활동성이 더 많은 견종이라면 오전과 오후 각각 최소한 1~2시간의 산책이 필요하다.

단모종이라면 피모 관리를 하는 데 많은 시간이 필요하지는 않지만, 장모종인 경우에는 피모 관리를 위해 빗질을 하는 데 하루에 30분 이상의 시간이 소요되기도 한다.

견종과 활동력에 따라 다르지만 매일 최소한 1시간에서 최대한 4시간까지 산책과 피모 관리를 하는 데 시간을 투자해야 한다.

반려견을 돌보는 데 필요한 비용

반려견 한 마리를 돌보는 데에는 흔히 아이 한 명을 키우는 비용이 들어간다고 한다. 먹이는 가장 적은 비용일 수 있다. 장모종인 반려견은 두세 달에 한 번씩 반려견 전용 미용실에 가서 털 관리를 할 필요가 있을 수 있다. 또한 필요한 용품들을 구매하는 데도 많은 비용을 지출하게 된다.

7세 이하의 반려견은 1년 1회, 7세 이상의 반려견은 1년 2회의 건강 검진이 필요한다. 질병 예방과 건강 관리를 잘 했다고 하더라도 나이가 들면 질병에 걸릴 수 있다. 어떤 질병은 평생 약을 먹어야 하는 경우도 있다. 따라서 수명을 20년이라고 한다면 수천만 원의 경제적인 부담을 예상하고 책임질 준비가 되어 있어야 한다.

집의 형태

반려견의 크기가 클수록, 활동성이 클수록 더 많은 공간과 산책이 필요하다. 하지만 집이 좁다 하더라도 다양한 장난감을 주고 자주 산책을 시킨다면 좁은 공간의 답답함을 극복할 수 있다. 잘 짖는 견종이라면 아파트와 같은 공동주택에서 함께 사는 것이 힘들 수 있다. 많이 짖는 반려견과 원룸이나 오피스텔, 아파트에서 함께 살면 소음으로 인해 이웃의 민원이 제기될 수 있기 때문이다. 그러나 마당이 있는 주택에서 살고 있어도 묶어놓고 키우면서 가족이 함께 시간을 갖지 않는다면 사회적 동물인 반려견에게 고통이자 정서적 학대가 될 수 있다.

이와 같이 집의 형태를 고려하는 것도 필요하지만, 함께할 수 있는 시간이 더 중요하다고 할 수 있다.

가족의 건강상의 문제

드물지만 사람이 강아지의 털에 알레르기가 있는 경우가 있다. 입양 전에 가족 중 알레르기나 기타 건강상의 문제가 있는지 확인하는 것이 필요하다. 알레르기가 아니라면 모든 인수공통전염병은 예방이 가능하다.

02

입양은 어떻게 하나요?

반려동물을 입양할 때에는 절대 충동적으로 결정하지 않고
오랜 시간 심사숙고해야 한다.
입양은 여러 가지 방법을 통해 이루어지고 있으나
유기동물보호센터를 통한 입양을 권장한다.

반려동물 입양

반려동물을 입양한다는 것은 15~20년을 책임질 새로운 가족을 맞이하는 것이다. 따라서 절대 충동적으로 결정할 수 있는 것이 아니다. 귀엽다고 또 불쌍하다고 충동적으로 입양한 후에 어려움을 느끼고 파양을 하게 된다면 서로에게 큰 상처가 될 수 있다.

따라서 반려동물을 입양하기 전에 여러 단체에서 제공하는 입양신청서를 작성하며 입양할 준비가 되었는지 고민해 보는 과정이 필요하다.

만약 부모는 원하지 않으나 어린 자녀가 졸라서 반려동물을 입양하려 한다면 자녀들이 충분히 성장하여 책임감을 가지고 돌볼 수 있을 때까지 기다리는 것이 좋다. 자녀가 너무 어린 경우에는 반려동물을 원하지 않았던 부모가 결국 이들을 돌보게 되어 문제가 생길 수 있다. 모든 가족이 동의하지 않은 경우, 특히 부모님이 원하지 않은 경우에 반려동물이 파양되는 사례가 많다.

또한 결혼과 출산을 앞두고 있다면 시간을 갖고 생활이 안정된 후에 입양을 하는 것이 좋다. 현재 많은 반려동물들이 보호자의 결혼과 출산으로 인하여 파양되고 있는 실정이다.

입양 전 꼭 생각해야 할 것들

- 가족이 모두 입양에 대해 동의했나?
- 반려동물에 대한 가족의 알레르기나 건강 상태를 확인했나?
- 반려동물을 주로 돌볼 가족을 정하였나?
- 현재 함께하고 있는 다른 반려동물이 있나? 만약 있다면 모르는 동물을 만났을 때 친화적인가?
- 이사, 결혼, 출산, 취업 등의 변화가 생길 때 반려동물에게도 변화가 있을 수 있나?
- 매달/매년/평생 동안 예상되는 비용을 계산해 보았나?
- 반려동물과 함께할 수 있는 시간은 하루에 어느 정도 되나?
- 반려동물의 건강을 위해서 필요한 예방적인 관리에 대해서 알고 있나?

일단 입양하여 가족이 된 후에는 지금 함께하는 가족이 가장 좋은 가족이다. 더 좋은 가족과 행복하게 살라고 보내는 것도 가족에게 버림받는 슬픈 파양일 뿐이다. 따라서 입양 전에는 오랜 시간 심사숙고하면서 충분히 기다리는 것이 필요하다.

입양 방법

유기동물보호센터를 통한 입양

농림축산검역본부의 동물보호관리시스템을 통해 유기동물 보호센터에서 원하는 유기동물을 입양 받을 수 있다. 자세한 입양 방법은 다음과 같다.

- 시·군·구청에서 보호하고 있는 유기동물 중 보호시설을 공고한 지 10일이 지나도 주인이 나타나지 않는 경우 일반인에게 분양할 수 있다.
- 입양 보호시설에 미리 전화로 문의하여 담당자의 안내에 따라 방문 일시 등을 예약한다.
- 입양 시 신분증 복사본 2장과 개집, 개줄, 목걸이 등 필요한 물품을 준비하고 보호시설을 방문해 입양계약서

를 작성한다.

- 입양 보호시설에는 신청자 본인이 직접 방문한다.
- 미성년자에게는 반려동물을 분양하지 않는다. 분양을 원하는 미성년자는 부모의 허락을 얻어 반드시 부모와 함께 방문해야 한다.

| 농림축산검역본부 동물보호관리시스템(www.animal.go.kr)의 유기동물보호센터 화면

임시보호 중인 반려견의 입양

반려견을 처음 키우는 가정인 경우에는 임시보호를 하면서 반려동물과 함께 생활을 해본 후에 입양을 결정하는 것도 좋은 방법이다.

임시보호 관련 단체로는 동물자유연대(www.animals.or.kr), 동물과 함께 행복한 세상(cafe.daum.net/happyanimalcompanion) 등이 있는데, 홈페이지를 참고하면 임시보호가 필요한 반려견들을 만날 수 있다.

가정견 분양

주로 인터넷 동호회와 가정견 분양을 위한 인터넷 카페를 통해서 분양이 이루어진다. 가정견 입양을 원한다면 모견(또는 부견)이 함께 사는지 여부와 함께 사는 환경도 꼭 확인해야 한다. 그리고 충분히 젖을 먹고 자라서 6주령 이상 되었는지 확인한 후에 입양을 한다. 6주령 이하일 경우에는 어떤 강아지를 입양할지 선택해 놓았다 하더라도 시간을 두고 기다리는 것이 좋다.

전문 브리더를 통한 분양

특정 견종만을 전문적으로 브리딩하는 켄넬에서 분양을

받고자 한다면 윤리 의식을 가진 좋은 브리더를 찾아야 한다. 켄넬을 결정한 후 직접 방문하여 브리더와 대화를 나눠 보고 켄넬에 있는 부모견을 만나본 후에 외모와 품성이 마음에 든다면 입양 의사를 밝힌다. 대부분은 시간을 두고 기다려야 한다.

최근에는 윤리적인 브리더와 켄넬을 찾아서 알려주는 '굿보이 토토'와 같은 프로젝트도 있으니 참고한다.

- 브리더(breeder): 가축이나 식물의 교배, 사육, 생산을 하는 직종 혹은 그 직종을 가진 사람을 말하며, 주로 개나 고양이의 혈통 관리와 분양을 하는 사람을 통칭한다.
- 브리딩(breeding): 품종개량, 번식, 사육을 뜻한다.
- 켄넬(kennel): 보통 개집을 의미하나, 번식·사육·훈련 및 위탁사육을 하는 곳을 말한다.
- 굿보이 토토: 강아지와 사람 사이에 올바른 관계를 만드는 것을 추구하는 비영리 소셜 프로젝트 그룹

펫샵/동물병원을 통한 입양

펫샵을 통해서 분양되는 모든 강아지가 강아지 농장 출신은 아니지만 강아지 농장에서 태어났을 확률이 높기 때문에 한번쯤 생각해봐야 한다. 번식장에서 태어난 동물은 전

염병에 노출되었을 가능성이 많고, 품종을 잘못 알고 데려올 수도 있다.

한편 지하철역이나 번화가에서 강아지를 파는 노점상을 흔히 접하게 되는데, 이는 모두 불법이다. 등록대상 동물을 판매할 경우 반드시 관할 시·군·구청에 등록하도록 동물보호법이 강화되었으므로 개를 살 때는 등록된 업소인지 꼭 확인한다.

반려견을 입양할 때에는 충분한 연령이 되었는지, 건강한지 확인한 후에 반드시 계약서를 꼼꼼하게 작성해야 한다.

분양(입양) 계약서에 명시되어야 하는 사항

- 분양업자의 성명과 주소
- 반려견의 출생일과 판매업자가 입수한 날
- 혈통, 성, 색상 및 판매 당시의 특징
- 면역 및 기생충 예방 접종 기록
- 수의사의 치료 기록 및 약물투여 기록
- 판매 당시의 건강상태
- 구입 금액과 구입 날짜 등

03

입양 전후 꼭 해야 할 것들에 대해 알려 주세요

반려견 입양에 앞서 필요한 물품으로는 기본적인 것으로 이동장인 크레이트와 사료 및 그릇, 배변판 등이 있으며, 입양 직후에는 반려동물 등록과 건강검진 및 예방접종, 그리고 배변훈련을 해야 한다.

입양 전 준비해야 할 것들

크레이트

이동장, 케이지, 켄넬이라고도 불리며, 반려견을 이동시킬 때 사용한다. 크레이트는 반려견을 가두는 용도로 사용하는 것이 아니라, 반려견을 위한 방과 전용 이동수단을 마련해 주는 것이다. 반려견을 입양한 후 집으로 데려갈 때는 안전을 위해서 크레이트로 이동하며, 집에 도착해서 크레이트 문을 열어주면 새로운 환경에 비해 크레이트가 더 익숙하기 때문에 크레이트를 가장 편안한 공간으로 인식하면서 자연스럽게 크레이트 교육이 된다.

사료

가능하면 입양 전에 먹던 사료와 같은 사료를 준비하고, 새로운 사료로 바꿀 때에는 약 1주일에 걸쳐서 매일 조금씩 새로운 사료를 섞어가며 서서히 바꿔준다.

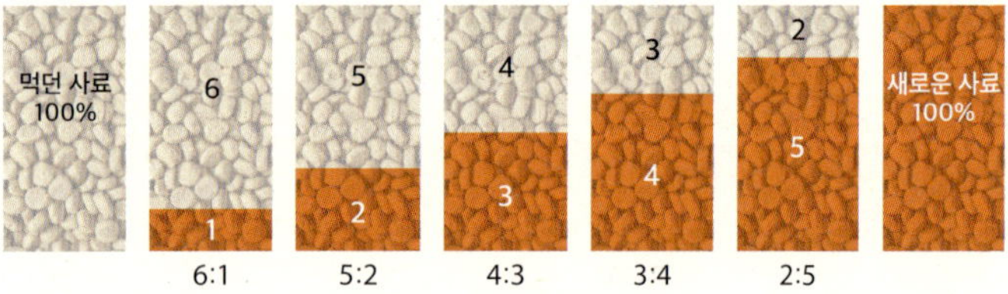

| 위장에 부담이 되지 않도록 사료를 바꾸는 방법

물그릇, 밥그릇

너무 작지 않은 크기로 잘 쏟아지지 않는 그릇으로 준비한다. 스테인리스나 도자기와 같이 녹이 슬지 않고 위생적인 재질이 좋다.

배변판, 배변 패드

실내 배변을 계획한다면 화장실로 사용될 장소에 배변판과 배변 패드를 준비해 둔다.

울타리

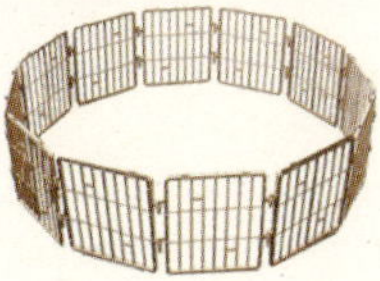

배변 교육을 위해 장소를 제한하거나 특정 장소의 출입을 막기 위해 필요하다.

빗, 샴푸

피부와 피모 건강을 위해 매일 빗질이 필요하며, 피모의 상태에 따라 보통 1~2주에 한 번 목욕을 해야 하기 때문에 미리 빗과 샴푸를 준비해 둔다. 빗의 종류는 다양하지만 끝부분이 날카롭지 않는 제품을 고른다. 반려견의 피부는 사람과 다르기 때문에 반려견 전용 샴푸를 선택한다.

입양 직후 해야 할 것들

건강검진

반려견이 기생충이나 기타 전염성 질환에 감염되어 있지는 않은지 건강 상태를 검진 받는다.

구충 기생충 예방은 반려견과 사람의 건강을 위해 꼭 필요하다. 기생충은 몸 안에 사는 내부 기생충과 몸 밖에 사는 외부 기생충으로 나뉜다. 가장 흔하게 감염되는 회충은 태반감염으로 어미개로부터 태아로 옮겨 가므로, 어미개의 구충 여부와 어떠한 환경에서 살았는지 확실하지 않다면 입양 당일 구충제를 투약하는 것이 좋다.

외부 기생충은 벼룩이나 이, 옴, 진드기 등 피부나 귀에 기생하는 기생충으로, 청결하지 않은 환경에서 살았던 반려견의 피부에서 자주 발견되므로 수의사와 상담한 후 적절한 치료를 한다.

심장사상충 모기를 매개체로 감염되는 기생충으로, 다른 내부 기생충과 달리 혈관을 통해 심장 및 폐동맥에 기생하여 호흡계, 순환계 등 신체 전반에 치명적인 문제를 일으키며 사망에도 이르게 하므로 주의해야 한다. 국내 감염률이 매년 높아지고 있고, 특히 실외견은 더 높은 감염률을 보인다. 최근에는 1년 내내 모기가 발견되면서 이에 대한 예방이 더 필요하게 되었다.

예방약은 약 3개월령부터 투약을 시작하며, 수의사와 상담한 후 투약하는 것이 좋다.

예방접종

건강하고 스트레스를 적게 받은 상태에서 예방접종을 하는 것이 좋다. 따라서 입양 당일보다는 1주일 정도 새로운 가정에 적응한 후에 예방접종을 한다.

어미에게 물려받은 면역항체(모체이행항체)는 생후 45일부터 줄어들기 시작하므로 이 시기에 꼭 예방접종을 하여 백신접종을 통해 항체를 생성해 주어야 한다.

필요한 예방접종의 종류로는 종합백신, 코로나장염 백신, 켄넬코프 백신, 인플루엔자 백신, 광견병 백신 등이 있다. 예방접종은 건강한 상태에서 해야 하므로 꼭 수의사의 검진이 필요하다.

예방접종을 다 했다고 항상 항체가 충분하게 만들어지는 것이 아니므로, 예방접종을 마친 후에는 항체검사를 통

예방접종 기본 스케줄

반려견에게 필요한 기본적인 예방접종과 그 시기는 다음과 같다.

▶ 종합 백신(DA2PPL/DHPPL)

개 홍역, 전염성 간염, 아데노바이러스성 기관지염, 파보바이러스성 장염, 파라인플루엔자성 기관지염 및 렙토스피라증 등의 질병을 예방해 주는 가장 중요한 예방접종이다. 그중 렙토스피라증은 인수공통전염병으로 꼭 예방접종이 필요하다. 1차 백신 접종 시기는 수의사와 상담한 후 반려견의 건강상태를 고려하여 정하는데, 일반적으로 생후 6~8주부터 시작해서 2~3주 간격으로 5회 이상 접종하며, 접종을 마친 후에는 검사를 해서 충분한 항체가 만들어졌는지 확인한다. 매년 항체가 검사 후에 필요한 경우 추가접종을 해야 한다.

▶ 코로나바이러스성 장염

혈액성 설사와 구토, 발열, 식욕저하 등의 증상이 특징인 전염병으로, 접종 시기는 수의사와 상담한 후 반려견의 건강상태를 고려하여 정한다. 일반적으로 생후 6~8주부터 2~3주 간격으로 2회 접종하고, 매년 1회 추가접종 한다.

▶ 켄넬코프

주로 반려견들이 대량 거주하는 곳에서 공기를 통해 쉽게 감염되는데, 심한 마른기침을 하며 폐렴으로 진행되기도 한다. 접종 시기는 수의사와 상담한 후 반려견의 건강상태를 고려하여 정하는데,

보통 생후 6~8주부터 2~3주 간격으로 2회 접종하고, 매년 추가접종 한다.

▶ 개 인플루엔자

식욕부진, 고열, 기침, 콧물 등 일반적인 감기 증상을 보이며 치사율도 매우 높은 전염성 질병이다. 접종 시기는 수의사와 상담한 후 반려견의 건강상태를 고려하여 정하는데, 보통 기초접종은 2회 하며 연 1회 추가접종이 필요하다.

▶ 광견병

우리나라는 광견병 발생국으로 가축전염병예방법에 의거해 모든 개에 대해 광견병 접종을 법으로 의무화하고 있다. 접종 시기는 수의사와 상담한 후 반려견의 건강상태와 다른 접종 시기를 고려하여 정할 수 있는데, 보통 생후 3개월 이상 된 강아지에게 1회 접종한 후 매년 추가접종 한다.

해서 면역이 충분히 형성되었는지 확인해야 한다. 또한 접종 후 평생 동안 면역이 유지되지 않으므로 매년 항체가 검사 후에 항체가가 낮은 경우에는 추가접종을 한다.

예방접종을 한 후에는 편안히 쉴 수 있도록 해주고, 목욕이나 과도한 운동은 2~3일 정도 피하는 것이 좋다. 만약 붓거나 구토, 설사, 경련, 두드러기 등의 알레르기 증상이 나타나면 즉시 내원하여 치료를 받는다.

반려동물 등록

2014년 1월 1일부터 개를 소유한 사람은 전국 시·군·구청에 반드시 동물등록을 해야 한다. 단, 동물등록 업무를 대행할 수 있는 자를 지정할 수 없는 읍·면 및 도서(島嶼) 지역은 제외하며, 등록하지 않을 경우 40만 원 이하의 과태료가 부과된다.

보통 동물병원에서 내장용/외장용 인식표를 이용해서 반려동물을 등록한다. 외장용 인식표는 유실 가능성이 있으므로 내장용 인식표가 안전하다.

| 동물보호관리시스템(www.animal.go.kr)의 동물등록제 화면

화장실 교육

화장실 교육에 대해서는 '05. 예절 바른 멍이로 기르고 싶어요'를 참조한다.

반려인이 알아야 할 입양 상식

반려견이 처음 집에 왔을 때

반려견이 처음 집에 오면 가족이 모두 기뻐하며 흥분하게 된다. 하지만 반려견 입장에서는 새로운 환경에서 모든 것이 낯설고 두려운 가장 불안한 날이 될 수 있다. 반려견이 스스로 다가오기까지 과하게 만지거나 안아주거나 아는 척을 하지 않는 것이 좋다. 조금만 기다려 주면 새로운 환경에 적응한 후 사람들과 친해질 수 있다. 새로운 환경에 적응하느라 스트레스를 받고 있는 반려견이 먼저 다가올 수 있도록 항상 기다려 준다.

유기동물보호센터에서 입양을 한 경우, 반려견의 과거 경험에 의해 사람에 대한 공포가 있을 때에는 새로운 가족에 적응하는 시간이 더 필요할 수 있다. 적응을 돕기 위해 함께 산책을 하거나 반려견이 좋아하는 간식을 조금씩 주면서 기분 좋은 경험을 하게 해 주면 훌륭한 반려견 가족이 될 수 있다.

반려견을 키우고 있는데 새로운 반려견을 또 입양한 경우

이미 키우고 있던 반려견과 새로운 식구가 될 반려견은 처음에는 집 밖에서 만나는 것이 좋다. 집 밖에서 만나 좋아하는 간식을 서로 나눠 먹거나 산책을 함께 한 후 집으로 돌아오는 것이 좋다. 그리고 함께 있을 때마다 좋은 일이 생긴다는 것을 경험하게 해 주면서 기분 좋은 경험을 하도록 도와준다.

반려묘를 키우고 있는데 새로운 반려견을 입양한 경우

반려견을 접해보지 못한 반려묘에게 새로운 반려견의 출현은 적응하기 전까지 큰 스트레스가 될 수 있다. 따라서 일단은 공간을 분리하여 지내면서 점차 조금씩 만나게 해 주는 과정이 필요하다.

환경적으로는 반려묘가 올라갈 수 있는 선반이나 캣타워를 마련하여 반려견이 귀찮게 할 때는 수직 공간으로 피할 수 있도록 해 줘야 한다. 그리고 반려묘의 화장실이나 밥그릇에 반려견이 접근하지 못하도록 안전문을 설치하거나 높은 곳에 마련해 준다.

간혹 새로운 반려견이 들어온 후에 지속적으로 공격성을 보여서 파양을 해야 할 위기가 오는 경우가 있는데, 이럴 때에는 행동학 전문 수의사와 행동학적 문제에 대해 상담하여 반려견의 공격성 문제를 치료하는 것이 좋다.

| 사회화가 잘된 반려견과 반려묘는 평화로운 가족이 될 수 있다.

04

건강한 식습관을 길러 주고 싶어요

반려견이 건강하게 자라기 위해서는
바르게 먹는 건강한 식습관이 필요하다.
건강한 식습관은 어릴 때 익혀 주는 것이 효과적이다.
반려견에게 좋은 음식과 좋지 않은 음식을 구분해 주는 것이
그 첫걸음이라 할 수 있다.

어린이들이 건강하고 튼튼하게 성장할 수 있도록 골고루 잘 먹는 식습관을 길러 주듯이, 강아지들도 건강하게 자라기 위해서는 바르게 먹는 건강한 식습관이 필요하다. 사람에게 좋은 음식이 모두 반려견에게 좋은 것은 아니다. 반려견을 건강하게 키우기 위해서는 기본적인 영양학 지식을 알아야 한다.

좋은 사료 고르는 방법

연령대에 맞는 사료

가장 기본이 되면서 중요한 기준은 연령대에 맞는 사료를 선택하는 것이다. 반려견의 연령대에 맞게 사료를 선택해서 먹이고 있는지를 제일 먼저 확인한다.

사실 전(全) 연령대 사료는 자견(12개월령 이하)을 기준으로 한 영양요구량이므로 보호자의 입장에서는 간편하지만 반려견의 영양과 균형 있는 식생활에 항상 도움이 되는 것은 아니다. 따라서 자견용, 성견용, 노령견용 사료를 구매하거나, 또는 연령대별로 사료가 나오는 회사 제품을 고르는 것이 좋다.

연령대별 사료

퍼피(자견)용: 1년령까지 급여
성견용: 1~7년령 급여
노령견용: 7년령 이상 급여

제조회사 파악

어떤 사료든지 그 제조회사에 대해서 알아보고 구매하는 것이 좋다. 그 회사가 믿을 만한 회사인지, 자체 연구시설을 갖춘 곳인지, 노하우와 기술을 가지고 있는지 알아본다.

지속적으로 구매 가능한지 확인

소규모 회사 제품을 수입하는 경우 간혹 지속적으로 수입이 되지 않아 구매가 어려운 경우가 발생할 수 있다. 오랫동안 지속적으로 공급되어 온 사료가 앞으로도 구매하기가 편리할 수 있다.

사료와 간식은 언제, 어떻게 줘야 하나?

사료

기본적으로 사료는 시간을 정해두고 같은 양을 규칙적으로 주는 것이 제일 바람직하다. 밥을 주고 난 후 20분 정도 지나면 밥그릇을 치운다.

보통 성견의 경우 1일 2회 정도 먹이를 주는 것이 적당하며, 자견의 경우는 아주 어릴 때는 하루에 4회 정도로 자주 급여하다가, 성견에 가까워질수록 그 횟수를 줄여주는 것이 좋다.

하루 식사량을 결정하기 위해서는 반려견이 필요한 칼로리를 계산해야 한다. 필요한 식사량은 사료의 종류와 칼로리에 따라서 달라진다. 먹이량이 너무 많으면 변이 물러지고, 먹이량이 적으면 변이 딱딱해지는 것을 참고하기도 한다.

간식

간식 급여 횟수는 반려견을 사랑하는 정도가 아니다. 최근에는 영양 부족보다 영양 과잉으로 생기는 병이 더 많다. 따라서 간식을 줄 때는 하루 급여량이 전체 일일 요구 에너지량의 10%를 초과하지 않도록 한다. 간식의 종류 역시 육포나 저키, 말린 고구마 등으로만 국한시킬 것이 아니라, 어렸을 때부터 과일이나 야채 등도 맛있게 먹을 수 있도록 다양하게 제공해 주는 것이 좋다.

반려견에게 좋지 않은 음식

우유 유당분해효소가 부족해서 우유만 먹으면 배가 아프고 장 문제가 생기는 사람이 있는데, 반려견도 마찬가지로 유당분해효소가 부족하여 설사와 같은 소화기계 문제를 야기할 수 있다. 그러나 반려동물 전용 우유는 영양보충에 도움이 된다.

뼈와 생고기 반려견이 뼈를 씹다가 부서지거나 쪼개진 뼈로 인해 질식할 수 있고, 혹은 장관을 막거나 소화기관을 찢어놓을 수도 있다. 족발을 먹고 난 후 큰 뼈를 반려견에게 주는 경우가 있는데, 큰 뼈의 가장 바깥층은 이빨보다 단단하여 반려견 이빨에 금이 가는 경우도 생기므로 주의해야 한다.

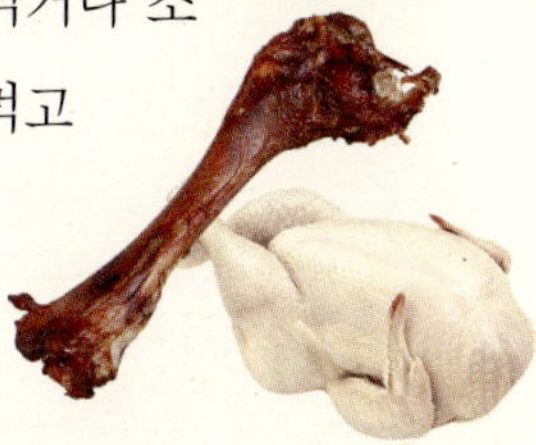

한편 생닭과 같이 생고기를 그대로 섭취하는 것은 대장균과 살모넬라균 등으로 인한 소화기계 장애를 일으킬 수 있기 때문에 좋지 않으며, 특히 인수공통질병으로 인해 함께 사는 반려인의 건강을 위협할 수 있으므로 금지한다.

양파 양파는 반려견의 위장관계에 자극을 주거나 심각한 적혈구 파괴를 일으켜서 용혈성 빈혈을 유발시킬 수 있으며, 천식 발작이나 간 손상을 줄 수 있으므로 피하는 것이 좋다. 양파로만 문제가 되는 경우보다는 불고기, 자장면, 족발 등과 같이 양파가 양념으로 들어간 음식을 먹고 독성을 일으켜 내원하는 경우가 자주 있으므로, 음식을 보관할 때는 반려견이 접근할 수 없도록 유의한다.

아보카도 나초칩을 찍어 먹는 소스 중 한 가지인 과카몰리의 주 원료가 아보카도이다. 아보카도의 잎, 열매, 씨앗 안에는 페르신이라는 성분이 있는데, 이것은 대부분의 동물들(예: 개, 고양이, 말, 새, 설치류)에 독성이 매우 강하다. 이 성분은 동물들에게 호흡곤란, 심각한 울혈, 유선 조직의 염증, 심장 주위의 체액 저류, 심지어는 사망까지도 유발한다. 아보카도는 조금만 먹어도 개와 고양이에게 심한 구토와 설사를 유발할 수 있으므로 주의해야 한다.

알코올 술에 들어 있는 알코올 성분은 반려견에게 구토, 설사, 중추신경계 억압, 호흡곤란 등의 문제를 유발할 수 있다. 심한 경우에는 혼수상태에 빠지거나 사망할 수도 있으므로 주의한다.

카페인과 초콜릿 카페인에는 메틸잔틴이라는 성분이 있어 구토, 설사, 과민반응, 과호흡, 다음, 다뇨 등의 증상이 나타날 수 있고, 더 심각하게 떨림이나 비정상적인 심박, 그리고 사망에까지 이를 수 있다. 메틸잔틴은 커피와 차, 콜라, 에너지드링크, 진통제와 다이어트 약에도 들어 있다.

초콜릿에는 이보다 적은 양의 메틸잔틴이 들어 있지만, 초콜릿에 함유된 테오브로민이라는 성분과 함께 작용하여 구토와 근육경련 등의 문제를 일으키게 된다. 특히 베이킹을 위한 원재료로 판매되는 초콜릿은 함량이 높아 반려견에게 더욱 위험하다.

아이와 함께 반려견을 키울 경우에는 후각이 뛰어나고 호기심이 많은 반려견의 안전을 위해서 아이가 먹다 남은 과자와 초콜릿은 유의해서 보관해야 한다.

포도와 건포도 포도와 건포도는 반려견에게 과민반응을 유발하거나 반복적인 구토로 무기력하게 만들고 신부전을 일으켜 생명을 잃게 할 수도 있다. 사람들이 먹고 남긴 포도껍질이나 포도즙뿐만 아니라 건포도가 들어 있는 빵과 쿠키를 먹고 내원하는 반려견들이 많아 특히 주의해야 한다.

이스트 이스트가 들어가 있는 반죽을 먹게 되면 이스트 반죽이 위 안에서 부풀어 오르면서 가스가 생성되는데, 이것 때문에 구토나 복부팽만 등 위장관계 문제가 유발된다.

마카다미아 넛츠

최소 6알만으로도 임상증상을 일으킬 수 있는데, 구토, 떨림, 쇠약, 우울을 유발할 수 있고, 보통 섭취한 후 반나절 안에 증상이 나타나 12~48시간 동안 지속된다. 심해지면 뒷다리 마비와 악성 고열이 생길 수 있다.

자일리톨

껌이나 사탕에 들어간 자일리톨은 대부분의 동물에서 저혈당과 구토, 행동장애, 무기력 등을 유발한다. 이러한 증상 외에 더 나아가 발작까지 이어질 수 있고, 심지어 며칠 안에 간 손상까지 일으킬 수 있다. 사람이 먹는 자일리톨 껌을 강아지들이 먹는 사고가 나는 경우가 있지만, 반려견들이 사용하는 일부 치약과 간식에도 간혹 자일리톨이 들어 있는 경우가 있으니 유의한다.

멍이가
식중독에 걸렸어요!

식중독 하면 떠오르는 계절이 여름이지만, 음식 위생에 관해서는 사계절 내내 유의해야 한다. 겨울에도 따뜻한 실온에 사료를 오래 개봉해 두면 변질의 위험이 있고, 이는 반려견의 건강에 해가 될 수 있다.

식중독 증상은 구토. 설사와 같은 소화기계 증상에서부터 심각한 증상에 이르기까지 다양하게 나타날 수 있다. 가벼운 증상이더라도 즉시 내원하여 치료를 받는 것이 안전하다.

식중독에 걸리지 않으려면 다음과 같은 사항에 유의한다.

- 사료는 유통기한이 충분히 남은 제품을 구매하고, 개봉한 후에는 가능한 한 밀봉을 해서 공기와 많이 접촉하지 않도록 하고 서늘하고 건조한 곳에 보관한다.
- 캔 사료의 같은 경우는 개봉하고 난 후에는 반드시 냉장 보관하고, 윗부분은 뚜껑이나 호일로 덮고 날짜를 표시해 둔다. 개봉한 캔은 3일 내에 모두 소비한다.

Doctor's Memo

사람 음식은 강아지에게 주면 안 되나요?

사람이 먹는 음식에는 양념이 많이 들어 있다. 특히 반려견이 먹기에는 염분이 과도하게 포함되어 있다. 과도한 염분 섭취는 사람의 건강에 좋지 않듯이, 반려견의 건강에도 좋지 않다. 특히 신장과 심장 관련 문제가 있는 경우에는 치명적인 영향을 미칠 수 있다. 따라서 사람 음식을 강아지에게 주면 안 되는 것이 아니라, 양념이 되어 있는 음식을 주는 것이 좋지 않다는 것이다.

사람 음식을 반려견에게 주고 싶다면, 먼저 반려견이 먹어도 되는 식재료인지 확인한다. 앞에서 설명한 '반려견에게 좋지 않은 음식'을 제외하면 대체로 먹을 수 있다. 음식을 익혀서 양념을 하지 않고 소량 급여하는 것이 바람직하다.

단, 사람 음식을 반려견에게 줄 때에는 식사 예절도 잘 가르쳐야 한다. 사람이 음식을 먹고 있을 때 반려견이 달라고 짖거나 긁거나 하는 등의 행동을 할 때는 주지 않으며, 조용히 앉아서 기다릴 때 음식을 준다.

생닭을 주는 것은 반려견의 건강에 좋을까?

생닭의 뼈는 부드럽기 때문에 괜찮다고 오해를 하는 사람이 많다. 하지만 생닭의 뼈도 날카롭게 부서질 수 있고 위장관 천공을 일으키는 등 위험한 상황이 발생할 수 있다. 그리고 무엇보다 생닭에 존재하는 살모넬라와 캠필로박터균은 사람에게 감염되어 식중독을 일으키므로, 반려견과 사람의 건강을 위해서는 생닭을 주지 않는다.

05

예절 바른 멍이로 기르고 싶어요

반려견은 인간과 마찬가지로 사회적 동물이며,
더불어 살아가기 위해서는 사회화 교육이 필요하다.
예절 바른 반려견으로 기르고 싶다면 어렸을 때부터
이러한 교육에 신경 써야 한다.

우리는 가정교육을 통해 사회의 일원으로 다른 사람들과 더불어 살아가는 방법을 배우게 된다. 반려견도 인간과 마찬가지로 사회적 동물로, 사회화 시기 동안 어떠한 경험과 교육을 받았는지가 이들의 성격과 평생의 삶을 좌우하게 된다.

예절 바른 반려견을 위해 꼭 필요한 사회화 교육

반려견의 성장발달 단계 중 예절 바른 반려견으로 키우기 위해 가장 중요한 시기는 바로 사회화 시기, 즉 최적 사회화기다. 보통 생후 3~12주경이지만, 반려견의 성장발달 정도에 따라서 그 시기는 차이가 있을 수 있다. 그러나 사회화기가 지난 후에도 학습은 꾸준히 이루어지며, 시간과 인내심이 조금 더 필요할 뿐이다.

사회화 시기 동안 배우는 것

사회화 시기 동안에는 반려견으로 평생을 살아가는 방법을 배우게 된다. 즉 어미개로부터 다른 반려견과 의사소통을 하기 위한 보디랭귀지와 반려견다운 종 특이성 행동, 물기, 쫓기, 짖기, 싸우기 등의 행동을 배우게 된다. 또한 동배견들과 물고 뒹굴고 놀이를 하면서 세게 물지 않아야 한다는 물기 힘조절을 배우고, 평생을 함께할 사람과 다른 반려동물에 대해서도 사회화 교육이 이루어진다. 따라서 이 시기에 긍정적인 경험을 하게 되면 이러한 경험이 평생 동안 지속될 수 있다.

사회화 교육

평생을 살아가면서 만나고 경험할 것들을 조금씩 모두 경험해야 한다. 다양한 사람과 동물들, 다양한 장소와 환경, 다양한 행동이 그것이다.

사회화 교육 방법

사회화 교육의 기본은 긍정적 경험이 되어야 한다는 것이다. 많이 만나고 경험하는 것이 아니라, 기분 좋게 만나고 경험해야 한다. 그래서 가장 쉽게 가르치는 방법은 다양한 장소에서 다양한 사람들이 다양한 행동을 하면서 맛있는 먹이를 조금씩 주는 것이다. 사회화 시기에는 다양한 간식을 먹기에는 너무 어리기 때문에, 먹고 있는 사료 알갱이 1~2개를 주는 것도 기분 좋은 경험이 될 수 있다.

사료 알갱이를 몇 개 먹으면서 주사를 맞고, 발톱을 깎고, 차를 타는 등 긍정적 경험을 하게 되면 평생 두려움보다는 기분 좋은 추억을 갖게 된다. 다른 강아지와 예의 바르게 잘 지내는 반려견으로 교육시키고 싶다면, 산책할 때 다른 강아지를 만날 때마다 맛있는 사료 알갱이를 몇 개씩 주면서 긍정적인 만남을 유도해 본다.

산책을 나갔다고 해서 꼭 잔디밭이나 흙밭을 걸어다니거나 다른 강아지와 접촉을 하며 인사하지 않아도 된다. 2차 접종이 끝난 후 짧은 시간 동안 안고 나가 다양한 환경을 긍정적으로 경험하게 해줄 수 있다.

그 외 필요한 교육

크레이트 교육

크레이트 교육은 동물을 이동장 안에 가두는 것이 아니다. 안전하고 편안하며 아늑하고 방해 받지 않는 항상 좋은 일만 생기는 반려견의 방을 만들어 주는 것이다. 적절한 크레이트의 크기는 반려견이 엎드렸을 때 다리를 충분히 뻗을 수 있는 길이로, 높이는 일어섰을 때 머리보다 10cm 큰 것이 좋다.

강아지인 경우에는 성견일 때 맞는 크기의 크레이트를 준비하여 안에 박스를 넣어 공간을 줄여서 사용한다.

크레이트 교육 순서

❶ 뚜껑을 없애고 바닥에 편안한 이불을 깐 후 좋아하는 장난감을 넣어 준다.

❷ 간식을 먹을 때마다 크레이트 안에 던져 준다.

❸ 밥을 먹을 때마다 크레이트 안에 밥그릇을 넣어 준다.

❹ 뚜껑을 덮은 상태에서 간식이나 밥을 먹을 때마다 크레이트 안에 넣어 준다.

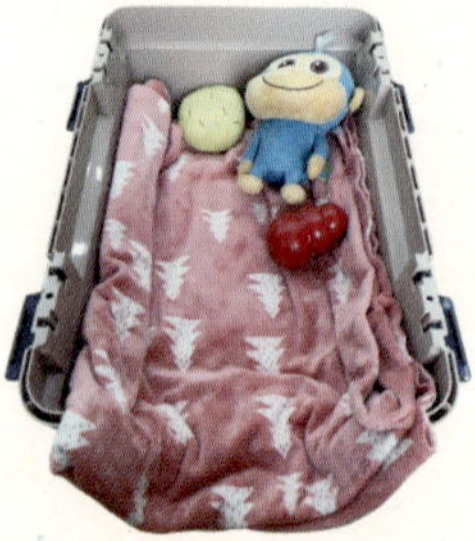

❺ 크레이트 안에서 오랫동안 먹을 수 있는 간식을 넣어 주거나 묶어 놓는다.

❻ 간식을 먹는 동안 잠깐 문을 닫았다가, 다 먹기 전에 문을 열어 준다.

❼ 안정되게 잘 있게 되면, 간식을 먹는 동안 문을 닫았다가 먹고 난 직후 열어 준다.

❽ 안정되게 잘 있게 되면 1분씩 시간을 늘린다.

❾ 수건으로 덮어 준다.

올바른 배변 습관 기르기

사람과 같이 주로 공동주택에서 살게 되는 반려견에게 있어 올바른 배변 습관은 매우 중요하다.

반려견은 보통 먹고 난 후나 자고 일어난 후, 놀고 난 후에는 화장실에 데려가야 한다. 4시간 동안 배뇨를 참을 수 있으므로 약 3시간에 한 번씩 화장실에 데려가는 것이 좋다. 반려견은 배변 전에 빙글빙글 돌거나 바닥을 킁킁킁하며 냄새 맡거나 안절부절못하는 행동을 한다.

배변하는 순간에 심하게 혼내면 안 된다. 배변하는 순간에 깜짝 놀라거나 심하게 혼나면, 잘못된 장소에 배변

해서 혼난다고 이해하기보다는 배변 행동 자체에 대해 체벌을 받았다고 배우기 때문이다. 이렇게 되면 사람이 보는 앞에서는 절대 배변하지 않고 화장실이 아닌 장소에 숨어서 배변하는 나쁜 습관이 생길 수 있다.

잘못된 배변 흔적을 나중에 발견해도 절대 혼내면 안 된다. 반려견은 나중에 혼나는 이유를 이해하지 못하며, 오히려 보호자를 무서워하게 될 수 있다.

배변 교육 방법

일반적인 화장실 교육

화장실로 사용될 장소에 배변 패드를 넓게 깔고, 배변을 할 시간이 되면 데려간다. 패드 위에서 배변을 하면 항상

과하게 칭찬해 준다. 패드 위에서 배변을 가리게 되면 점차 패드 개수를 줄여서 좁혀 준다.

크레이트를 사용한 화장실 교육

크레이트는 가장 편안하고 안전한 방이므로 잘 교육된 반려견은 방에서 절대 배변하지 않는다. 따라서 시간표를 짜서 배변이 필요할 때마다 화장실로 데려가서 배변하게 해줘야 한다. 단, 배변 후에는 꼭 칭찬을 하고 즐겁게 놀아 줌으로써 좋은 기억을 심어 준다. 이후 쉴 시간이 되었을 때 크레이트 안으로 들어가게 한다.

7:00	화장실 & 놀기
7:15-7:45	놀기
8:10	크레이트
10:00-10:15	화장실 & 놀기
10:15	테더링
12:00	화장실 & 놀기
12:30-2:30	테더링
2:30-2:45	화장실 & 놀기
2:45-4:00	테더링
4:00-5:30	화장실 & 놀기
5:30-7:30	크레이트
7:30-9:30	화장실 & 놀기
9:30-11:30	화장실 & 핸들링
11:30	마자막 화장실

| 크레이트 이용 화장실 교육 시간표(예)

※ 보호자의 일과에 따라 시간표는 변경 가능하며 개월 수에 따라서도 달라진다.

보호자 외출 시 화장실 교육

울타리 안에 크레이트와 화장실만 둔다. 크레이트 교육이 잘되어 있는 반려견은 방에서 배변을 하지 않고 자연스럽게 화장실에서 한다. 하지만 보호자가 귀가한 후에는 다시 배변을 시키고 울타리 밖에서 보호자와 함께 즐거운 시간을 보낸다. 다시 배변해야 할 시간이 되면 화장실에 들어가도록 하고, 배변 후에는 칭찬을 해 준다.

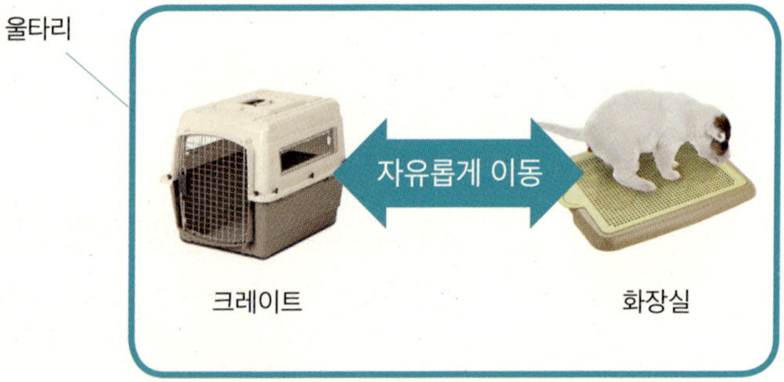

| 보호자 외출 시

산책 시 예절 교육

산책은 반려견이나 보호자에게 즐거운 일이 되어야 한다. 하지만 너무 심하게 줄을 당기거나 다른 강아지나 사람을 볼 때마다 짖는다면 아무래도 즐거운 산책이 될 수 없을 것이다.

처음 산책을 나가는 날은 귀여운 강아지와 드디어 산책을 할 수 있게 되었다는 생각에 반려인도 흥분하게 된다. 하지만 즐거운 산책을 위해서는 예절 교육이 필요하다.

산책 시 예절 교육 (예 1)

❶ 목줄을 하고 문 앞에서 '앉아', '기다려'를 한다. 손잡이에 손을 갖다 대거나 문을 열어도 '기다려'를 잘 하고 있어야 한다. 만약 반려견이 일어서면 바로 문을 닫는다.

❷ '기다려'를 잘 하고 있는 상태에서 '이리와'라고 하면서 함께 나간다.

❸ 엘리베이터를 타야 하는 경우에는 소형견의 경우는 안고 타고, 대형견인 경우에는 엘리베이터 안에 들어가면 즉시 앉는 것을 가르친다.

❹ 엘리베이터가 도착하여 문이 열리면 보호자가 '가자'라고 했을 때 나갈 수 있도록 교육시킨다.

많은 사람들이 엘리베이터에서 먼저 뛰쳐나오는 반려견 때문에 놀라고, 아이들의 경우에는 넘어져서 다치는 경우가 있으므로 엘리베이터에서는 특히 조심해야 한다.

산책 시 예절 교육 (예 2)

- 목줄을 끌어당기면 서서 움직이지 않고, 목줄이 느슨해지면 걷게 한다. 즉 목줄이 팽팽하면 움직이지 않고 느슨해야 움직여야 한다고 교육시킨다.
- 산책 중에 가끔씩 '앉아', '기다려'를 시키고, 잘 하면 칭찬을 하거나 간식을 준다.
- 산책 중에 예의 바른 강아지를 만나면 자연스럽게 인사를 하게 하고 함께 간식을 하나씩 주며 칭찬해 준다.
- 반려견을 좋아하는 사람이 다가오면 억지로 만지게 하기보다는 그 사람의 손바닥 위에 간식을 올려놓고 먹게 해 주거나 살짝 쓰다듬게 해 주고 헤어진다.

| 엘리베이터 안에서는 항상 앉아서 기다리고, 문이 열린 후에 보호자가 나오라고 할 때 나오도록 교육한다.

식사 시 예절 교육

식사 예절은 사람뿐만 아니라 반려견에게도 중요하다.

밥을 먹기 전 밥그릇 앞에서 '앉아', '기다려' 또는 '엎드려', '기다려'를 한 후에 먹게 한다. 기다리는 것을 연습하면서 흥분을 가라앉힐 수 있고 기다리는 인내심을 배울 수 있다. 또한 원하는 것이 있을 때는 조르는 행동을 하기보다 얌전히 앉아서 기다려야 한다는 것을 배우는 기회가 된다.

| 밥을 먹기 전 밥그릇 앞에서 '앉아', '기다려' 또는 '엎드려', '기다려'를 한 후에 먹게 한다.

Doctor's Memo

멍이를 유치원에 보내야 할까요?

반려견을 유치원에 보내는 목적은 다른 반려견 및 사람들과 함께 살아가는 방법을 가르치기 위해서이다. 즉 반려견의 사회화를 위해서이다.

유치원을 보냈을 경우의 장점은 보호자가 바쁜 평일에도 반려견에게 사회화 교육을 시킬 수 있는 기회가 많아지고 반려견이 심심하지 않게 시간을 보낼 수 있다는 것이다. 하지만 반려견이 다른 개들을 너무 무서워한다면, 갑작스럽게 유치원에 보내기보다는 보호자와 함께 유치원에 방문하여 머무는 시간을 점점 늘려 가는 것이 좋다.

유치원에 보내지 못하더라도 산책을 통해서 예절 바른 강아지를 자주 만나게 해 준다면 유치원에 보내는 것만큼의 효과를 얻을 수 있다. 그리고 반려견이 집에 혼자 있어야 하는 시간이 길다면 다양한 장난감을 통해 즐거운 시간을 보낼 수 있도록 도와준다.

06

멍이랑 함께 놀아 주세요

개는 사회적 동물이기 때문에 반려견에게 '놀이'는 가장 기본적인 욕구 중 하나이다.
어렸을 때부터 놀이를 많이 해 본 반려견이 잘 놀 수 있다.
강아지 때부터 다양한 장난감과 놀이로 기본적인 욕구를 충족시켜 주고
스트레스를 해소시켜 줘야 한다.

실내에서 놀기(실내 운동)

반려견에게 하루에 2회, 최소한 30분씩이라도 산책을 시켜 줄 수 있다면 가장 이상적이다. 하지만 이것이 항상 가능한 것은 아니다. 보호자가 외출 전에 산책을 시켜주더라도 하

| 다양한 반려견 장난감들

루종일 집에 있어야 하는 반려견은 너무 심심할 뿐이다.

실내에서 대부분을 보내는 반려견들은 똑같은 것을 보고 똑같은 소리를 듣고 똑같은 냄새를 맡으며 지내며, 그러다 보니 지루해질 수밖에 없다.

밥그릇 대신 다양한 행동학 장난감을 이용해서 식사 시간을 즐거운 운동 시간으로 만들어 준다. 난이도를 조절해서 처음에는 쉽게 먹을 수 있도록 하고, 나중에는 좀 어렵게 먹도록 해 준다.

| 단순히 밥그릇에서 밥을 먹는 것이 아닌 재미있는 놀이로 밥을 먹게 해 준다.

단순한 장난감만으로는 반려견도 쉽게 싫증이 난다. 그래서 하루이틀 가지고 놀다가 나중에는 안 가지고 놀게 되는데, 이는 아주 정상적인 행동이다.

반려견이 장난감을 재미있게 가지고 놀게 하려면…

반려견이 꺼낼 수 없는 박스나 서랍 안에 장난감을 넣어두고 하루에 2~3개만 꺼내준다. 그리고 매일매일 장난감을 바꿔서 꺼내준다. 특히 사람과 함께 가지고 노는 장난감들은 함께 놀 때만 꺼내서 가지고 놀고 평상시에는 장난감 서랍 안에 넣어둔다.

다이어트 운동

심각한 비만인 경우에 과도한 운동은 관절에 무리가 갈 수 있다. 그래서 수의사와 상담을 한 후에 비만 치료를 위한 음식을 처방 받는 것이 우선이다. 체중 감량을 할 때는 주당 체중의 1~2%를 감량하는 것이 건강에 좋다.

운동이 가능한 상태가 되면 관절에 무리가 되지 않는 운동을 시작한다. 물 안에서 하는 운동이 관절에는 가장 무리가 적다. 흙밭이나 잔디밭을 걷는 운동도 좋다.

관절염이 있는 노령견의 경우에는 활동성이 떨어지면서 자연스럽게 체중이 늘어나고, 늘어난 체중이 다시 관절에 무리가 된다. 관절염이 이미 진행된 상태라면 관절염 치료를 받는 것이 우선이며, 치료를 병행하며 다이어트를 해야 한다.

다이어트를 위해서는 쉽게 밥그릇에서 밥을 먹게 하기보다는, 다양한 행동학 장난감을 이용해서 천천히 시간을 두고 먹게끔 해 준다. 체중 감량을 위해서는 하루 먹을 양을 3~4회로 나눠서 먹게 하는 것이 좋다.

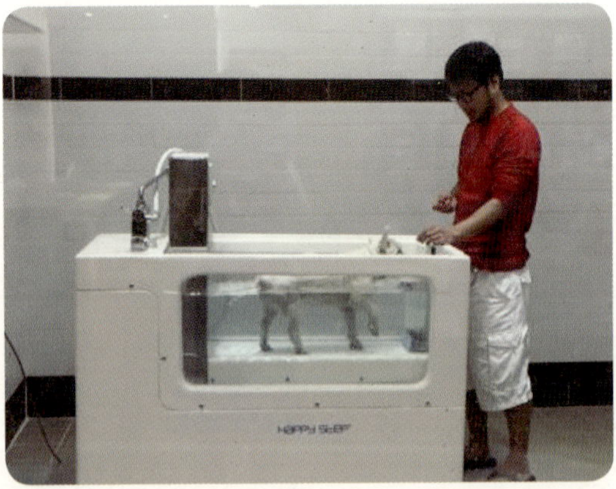

| 비만 치료를 위해서는 관절에 무리가 가지 않도록 물에서 하는 운동이 효과적이다.

집에서 만드는 DIY 장난감

헌 옷으로 DIY 장난감 만들기

면으로 된 헌 옷을 잘라서 땋은 다음 그 사이사이에 맛있는 사료나 간식을 넣어 주면 하나하나 빼먹으면서 이빨도 깨끗해진다. 특히 딱딱한 껌을 씹지 못하는 노령견에게 좋은 놀이이다.

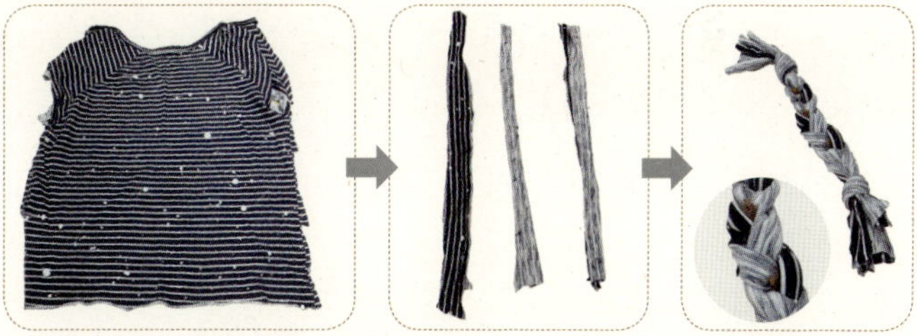

❶ 면으로 된 옷을 선택하여 옷을 길게 잘라 준다. 넓이는 5cm 정도가 좋다.

❷ 자른 옷감을 잘 땋은 다음 그 사이에 사료나 간식을 끼워넣는다. 한번 놀고 난 후에는 위생을 위해 잘 빨아서 말렸다가 사용한다.

빈 생수병으로 DIY 장난감 만들기

깨끗한 생수병에 구멍을 뚫고 맛있는 사료를 넣어 준다. 그러면 열심히 생수병을 치면서 나오는 사료를 먹게 된다. 이 방법으로 운동을 잘 하지 않는 비만견들도 움직이게 할 수 있다.

단, 물어뜯는 것을 좋아하는 반려견은 생수병을 물어뜯으면서 다칠 수 있으니 꼭 보호자가 지켜보는 동안에만 생수병을 준다.

산책하기

가장 좋은 놀이는 사랑하는 가족과 함께하는 산책이다. 추운 겨울날에도 햇살이 있는 낮 시간에는 산책을 할 수 있다. 더운 여름날에는 마실 물을 꼭 챙기고 햇살이 뜨겁지 않은 새벽이나 저녁 시간에 산책을 하는 것이 좋다. 산책은 신체적인 운동일 뿐만 아니라 스트레스를 해소해 주는 정신적인 운동이기도 하다.

산책 예절은 '05. 예절 바른 멍이로 기르고 싶어요'의 산책 시 예절 교육을 참조한다.

| 산책할 때에는 항상 목줄, 인식표, 배변봉투, 물을 준비한다.

Doctor's Memo

목줄 없이 뛰어놀 수 있는 반려견 전용 놀이터

2017년 현재 서울에는 광진구 어린이대공원, 마포구 월드컵공원, 동작구 보라매공원에서 '반려견 놀이터'가 운영되고 있다. 목줄 없이 뛰어놀 수 있다는 것은 정말 행복한 일이다. 반려견 놀이터에 갈 때에는 다음 사항에 주의한다.

- 반려동물 등록이 되어 있어야 한다.
- 반려견과 함께 13세 이상 보호자가 입장하여 직접 관리한다.
- 놀이터 출입 시에는 배변봉투와 목줄을 꼭 지참한다.
- 공격성이 있거나 질병이 있는 반려견, 발정 중인 반려견은 출입할 수 없다.

07

멍이가 이제 어른이 되었어요. 어떻게 돌봐야 하나요?

반려견을 돌보는 것은 아이를 키우는 것과 비슷하다.
스스로 할 수 있는 것들이 많지 않으므로
보호자인 우리가 작은 것까지도 돌봐줘야 한다.

매일 필요한 케어

눈: 눈꼽이나 눈물을 닦아 준다. 단, 눈이 충혈되었거나 부었다면 수의사의 검진이 필요하다.
피부: 하루에 한 번 이상 빗질해 주면서 빠진 털을 정리해 주고, 피부에 발진이나 각질이 있는지 피부 상태도 확인해 준다.
입, 이빨: 평소와 다르게 침을 과도하게 흘리지 않는지 확인하고, 매일 양치질을 해 준다.
생식기, 항문: 배뇨/배변 후나 분비물이 묻어 있으면 닦아 준다.

매주 필요한 케어

목욕 반려견 전용 샴푸로 목욕을 시킨다.

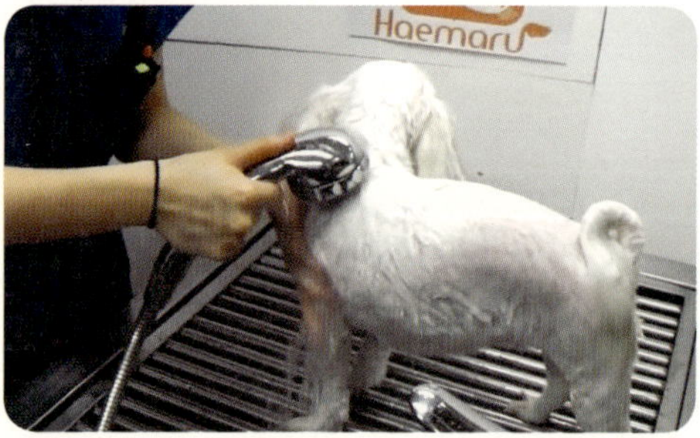

| 동영상: https://www.youtube.com/watch?v=TFIpYZaTiWs

항문낭 짜기 목욕할 때마다 항문 양쪽 아래 5시, 7시 방향의 항문낭을 아래에서 밀어 올리듯 짜 준다.

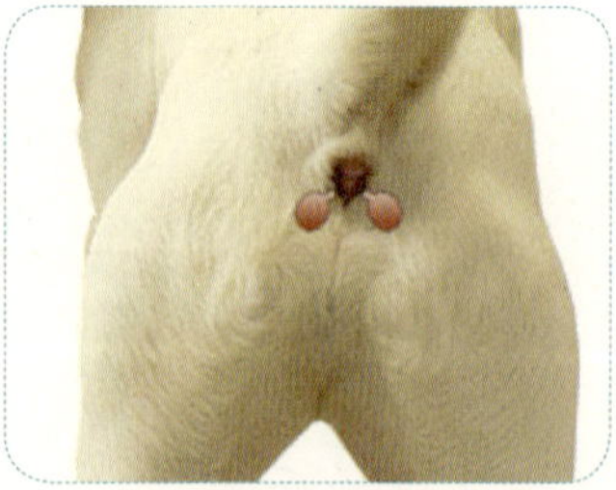

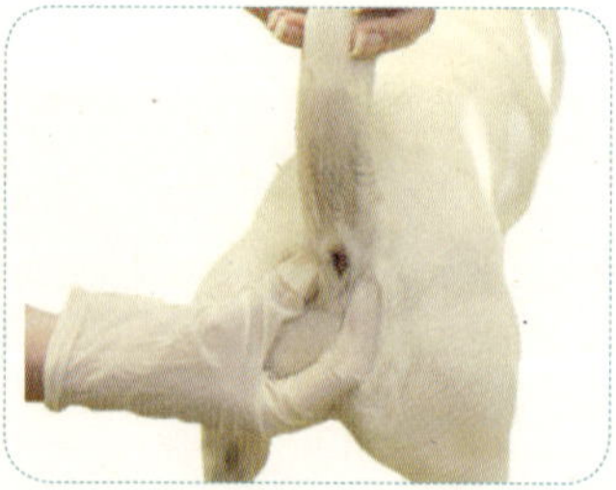

발톱 관리 발톱이 너무 길면 걸을 때마다 발톱이 부딪히는 딱딱거리는 소리가 나고 미끄러지면서 관절에 무리가 가게 된다. 따라서 발톱 길이는 항상 적절하게 유지해 줘야 한다. 발톱 자르는 방법은 다음과 같다.

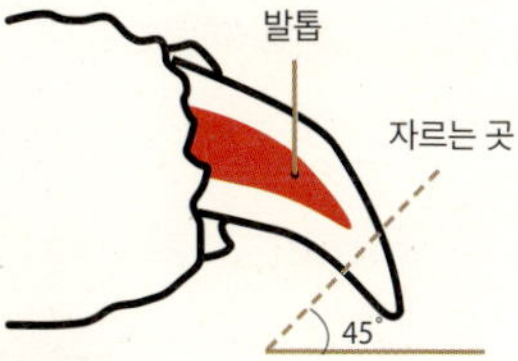

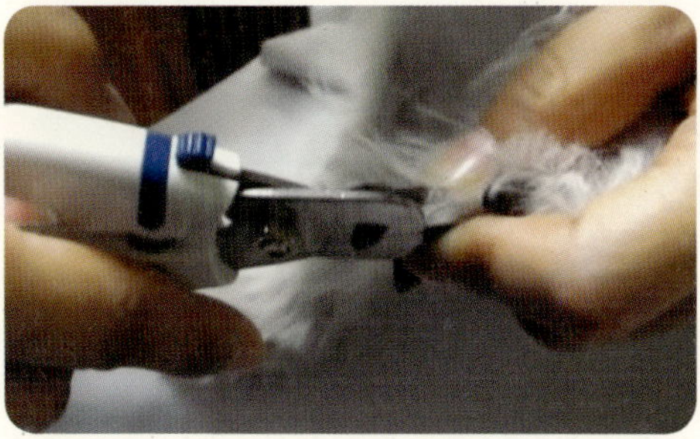

| 동영상:
https://www.youtube.com/watch?v=2Vv4Nrk-8Bw

귀 청소 목욕 후에는 반려견 전용 귀 세정제로 귀 청소를 해 준다.

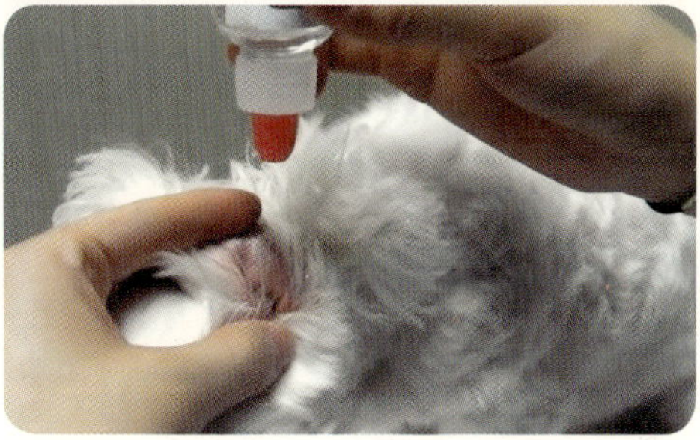

| 동영상:
https://www.youtube.com/watch?v=v-ITIEHGpEw

매달 필요한 케어

심장사상충 예방 심장사상충은 모기가 옮기는 기생충성 질환으로, 정기적인 예방이 필요하다. 매달 예방약을 먹였다고 하더라도 최근에는 내성으로 인하여 연 1회 검사를 하는 것이 좋다. 몇 달 동안 약을 먹이지 않다가 다시 예방약을 먹일 때는 꼭 검사를 해서 감염이 되지 않았음을 확인하고 예방을 다시 시작해야 한다.

| 약을 먹이는 방법 동영상:
https://www.youtube.com/watch?v=0ODWnZfVmQA

외부 기생충 예방 매일 산책하는 반려견뿐만 아니라 실내 생활을 하는 반려견도 외부 기생충에 노출되어 있다. 진드기, 벼룩, 이, 집먼지진드기 등을 예방하기 위해서 수의사와 상담하여 가장 적합한 예방법을 선택한다.

체중 확인 체중의 변화는 반려견 건강 변화의 지표이다. 정상체중(건강할 때 체중)에 비해 체중이 줄었다면 에너지 필요량에 비해서 영양섭취가 부족한 상황이거나 건강에 문제가 생겼을 수 있다.

반면 정상체중에 비해 체중이 늘었다면 영양 섭취량에 비해서 운동량이 부족하거나 건강에 문제가 생겼을 수 있다.

6개월마다 필요한 케어

노령견의 경우 생체 시계가 더욱더 빨라져 노령견의 6개월은 사람의 약 3년이라 할 수 있다. 따라서 1년에 한 번 검진으로 노령견의 건강 변화를 알아내기는 무리일 수 있으므로 좀 더 자주 검진을 받는다.

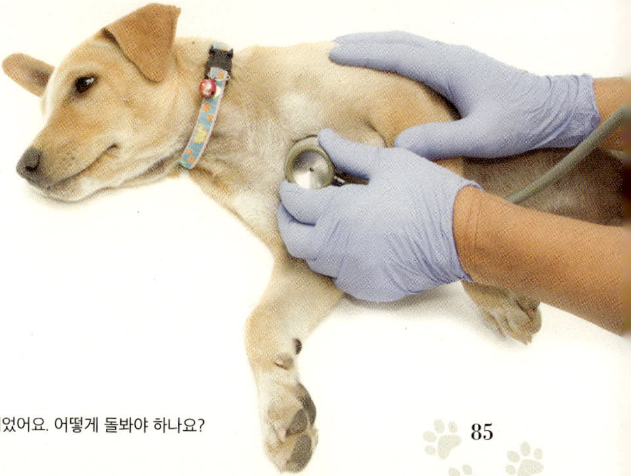

매년 필요한 케어

건강검진 소형견의 1년은 사람의 약 5년, 중형견의 1년은 사람의 약 6년, 대형견의 1년은 사람의 7년이다. 따라서 노령견이 되기 이전 성견의 경우 약 1년에 한 번 건강검진이 필요하다.

건강검진 시에는 반려견의 건강상태를 잘 알고 있는 주치의의 추천 항목이 검사에 추가될 수 있다.

혈액검사 다양한 항목의 검사를 통해서 기본적인 건강 지표로 활용된다.

모발검사 반려동물의 모발을 이용하여 체내 유독성 중금속과 영양 미네랄을 측정하여 이에 대한 결핍 또는 과잉상태를 평가함으로써 질병 예방, 식생활 개선, 환경 개선, 건강 회복 등에 필요한 정보로 활용한다.

방사선(X-ray) 검사 심장, 신장 등 내부 장기의 크기, 형태, 기질을 평가하고 관절염 여부 등을 평가하여 현재 건강 상태를 평가하는 지표로 활용한다.

초음파 검사 내부 장기의 기능적인 평가가 가능하고, 크기, 형태, 기질을 평가하여 현재 건강 상태를 평가하는 지표로 활용한다.

요검사 요의 상태를 분석하여 관련된 장기의 건강 상태를 평가하는 지표로 활용한다.

08

멍이가 할머니/할아버지가 되었어요

반려견의 시계는 사람의 시계보다 다섯 배 빠르다고 한다.
따라서 노화도 빨리 시작된다.
보통 약 7세가 되면 노령견으로 분류된다.

몇 살부터 노령견이라고 할 수 있을까?

반려견의 시간은 사람의 시간보다 빠르다. 견종에 따라 다르기는 하지만, 보통 7세 정도가 되면 행동학적·대사적·생리적으로 큰 변화가 일어나기 시작하면서 '노령견'으로 분류된다. 7세가 되어 노령견이 되었다는 것은 좀 더 특별한 관리가 필요하기 시작했다는 뜻이다.

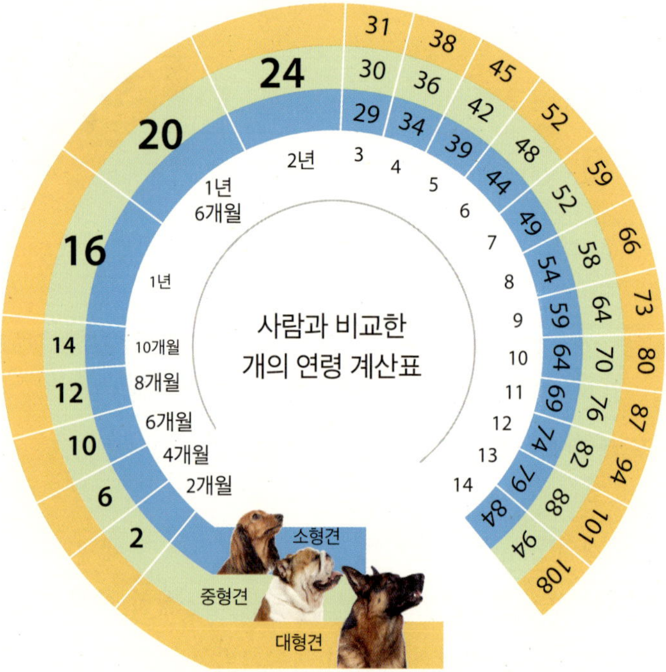

자료: 한국동물병원협회

2년령=사람 24세
그 이후 소형견 1년=사람 5년
중형경 1년=사람 6년
대형견 1년=사람 7년

노령견 케어를 위해 기억해야 할 것들

행동의 변화

건강에 문제가 생기면 가장 먼저 보이는 것이 바로 행동의 변화이다. 움직임, 식욕, 성격이 달라진다면 수의사와의 상담이 필요한 나이다. 간혹 짜증이 늘어나거나 공격성이 생기는 경우도 있는데, 이런 경우에는 꼭 수의사와 상담해야 한다. 노령견이 되면서 질병에 의한 통증에 의해서 성격이 변하는 경우가 가장 많다.

건강검진

노령견을 위해 1년에 한 번 하는 건강검진은 사람에게는 약 5~6년에 한 번 건강검진을 하는 것과 유사하다. 노령견에게는 최소한 6개월에 한 번 건강검진이 필요하다.

보조제

노화가 눈에 띄게 진행이 될 때에는 좋은 사료만으로 부족할 수 있다. 이럴 경우 항산화제가 포함된 영양제를 먹이는 것이 도움이 된다. 반려견을 위한 다양한 영양제가 판매되고 있지만, 수의사와 상담하여 필요한 영양제를 선택하는 것이 좋다.

산책

나이가 들어도 산책은 필요하다. 노령견이 되어도 어렸을 때보다 산책 시간은 줄어들어도 횟수는 유지해 주는 것이 좋다. 나이가 들면 체온조절 능력이 떨어지기 때문에 너무 덥거나 추운 시간은 피하는 것이 좋다. 그리고 흙이나 잔디밭처럼 완충 작용이 있는 바닥에서 산책을 하는 것이 관절에 무리가 덜 되어 더 좋다.

관절 건강

평상시처럼 계단을 잘 오르내리는지, 걷는 것은 문제가 없는지 확인하며, 변화가 생기면 수의사와 상담을 한다. 사람들이 만지는 것을 싫어하거나 만질 때 공격성을 보인다면 관절염에 의한 통증이 원인일 수 있다.

구강 건강

나이가 들면 치아/잇몸 건강이 나빠지게 된다. 양치질을 잘 했더라도 구강 건강을 유지하기 어렵다. 침을 과도하게 흘리지 않는지, 음식물을 먹으면서 많이 흘리지 않는지, 딱딱한 음식을 잘 먹지 못하는 것은 아닌지 자주 확인하고, 변화가 있다면 수의사와 상담을 한다.

반려견의 대표적인 노인성 질환: 치매

반려견도 치매가 올 수 있다. 7세 정도면 노령견의 시작이며, 노령동물에서는 누구에게나 치매가 나타날 수 있다. 10세 이상에서 좀 더 많이 발생한다.

치매 초기 증상

반려견의 치매에 관해서는 사람의 치매와 마찬가지로 정확한 원인은 밝혀져 있지 않지만, 유전적 요인과 환경 오염, 만성질환, 스트레스 등이 영향을 미친다고 알려져 있다.

반려견의 치매(인지장애증후군)는 사람의 알츠하이머성 치매와 가장 유사한 질병으로 임상증상도 비슷한 경향이 있다. 대체로 활동력 변화, 방향감각 소실, 가족과의 관계 변화, 수면의 변화, 배변 실수의 증가 같은 다섯 가지 유형의 임상을 보인다.

사람의 알츠하이머성 치매도 완치가 불가하고 증상을 완화시키고 질병의 진행을 늦춰 주는 치료만 가능하듯이, 반려견의 치매 치료도 마찬가지다.

수의사의 처방에 따라 초기에는 보조제로도 관리가 가능하지만, 증상이 심해지면 약물 치료를 병행해야 한다.

09

멍이가 무지개 다리를 건너려고 해요

언제나 누구에게나 진리인 명제 하나가 태어나면 언젠가는 죽는다는 것이다.
반려견도 언젠가는 우리의 곁을 떠나게 된다.
반려견의 생체 시계가 사람의 생체 시계보다 다섯 배쯤 빠르게 흘러간다는 것이 슬프지만,
반려견과 함께했기에 다섯 배는 더 행복한 시간을 보낼 수 있었던 것이다.

반려견과의 이별을 위해 준비해야 할 것들

주치의와 충분한 소통

현재 반려견의 건강상태를 가장 정확하게 알고 예후를 평가할 수 있는 사람은 주치의이다. 반려견의 건강 예후에 대하여 정확한 설명을 듣고 반려견을 좀 더 편하게 해 줄 수 있는 방법들에 대해 함께 논의한다.

필요한 의료적 도움

이별의 순간이 다가왔을 때는 질병으로 인해 고통받는 순간일 수 있다. 적절한 치료와 처치가 질병으로 인한 고통을 덜어줄 수 있다.

추억 돌아보기

반려견과의 이별의 순간이 되면 함께했던 행복한 순간들은 잊고 현재의 고통스런 순간만을 생각하게 된다. 현재는 힘들지만 그동안 함께했던 즐거운 시간들을 함께 기억하며, 만남이 있으면 이별도 있다는 것을 받아들이도록 노력한다.

추억 만들기

사랑하는 반려견과 여전히 좋은 추억을 만들 수 있다. 함께 사진을 찍거나 추억이 있는 가까운 곳에 방문하여 좋은 추억을 더 많이 만든다.

이별이 임박했을 때 대처 방법

반려견이 질병을 앓고 있다면 질병에 따라서 마지막 상태가 다를 수 있다. 주치의와 충분히 소통하여 마지막 순간이 어떠한 모습일지를 이해하는 것이 좋다. 그렇게 함으로써 죽음이 임박하였을 때 급박하게 병원으로 이송하기보다는 집에서 편안하게 맞이하도록 한다.

합법적인 반려견 장묘 방법

반려견이 집에서 사망했을 경우 안타깝지만 생활폐기물로 분류되어 현행법상으로는 일반 쓰레기 봉투(종량제 봉투)에 담아서 폐기해야 한다. 반면 동물병원에서 사망했을 경우는 의료폐기물로 분류되어 다른 의료폐기물과 함께 폐기된다.

2016년 1월 21일부터 동물장묘업에 정식 등록된 시설에서 장례를 치르는 반려동물은 폐기물관리법이 아닌 동물보호법에 적용된다. 하지만 2016년 6월 기준, 농림축산검역본부에 정식 등록된 업체는 18개에 불과하며, 그중 17개가 운영 중이다.

현재 운영 중인 동물 장묘업체 목록

하늘사랑	1588-7166	경기도 광주시 초월읍 신월리 592번지 19호
러브펫	031-796-4341	경기도 광주시 초월읍 지월리 712번지 10호
아롱이천국	031-766-1122	경기도 광주시 오포읍 매산리 139번지
(주)펫바라기	031-376-3179	경기도 고양시 일산동구 설문동 515번지 1호
월드펫	031-984-9922	경기도 김포시 월곶면 개곡리 810-1
(주)위디안	031-981-0271	경기도 김포시 하성면 양택리 251-6
페트나라	031-997-4445	경기도 김포시 통진읍 귀전리 167
굿바이펫	043-642-1537	충청북도 제천시 봉양읍 장평리 37-1번지
펫로스엔젤	1544-7374	충청북도 청주시 서원구 남이면 구미리 233번지 1호
(주)좋은친구들	041-858-4411	충청남도 공주시 우성면 보흥2길 36-61
예산 위드엔젤	332-8787	충청남도 예산군 대술면 화산리 464번지 1호
에이지펫	1661-2272	충청남도 천안시동남구 구룡동 481번지 2층
펫바라기	063-625-3737	전라북도 남원시 보절면 신파리 403번지
영남반려동물 힐링센터	054-372-1179	경상북도 청도군 화양읍 송금리 83번지
(주)동물사랑 대구러브펫	053-593-4900	대구광역시 달서구 장동 50번지
위드업	055-374-6503	경상남도 양산시 상북면 외석리 462번지 2호
파트라슈	051-723-2201	부산광역시 기장군 장안읍 좌동리 49번지 1호

Doctor's Memo

펫로스 증후군, 이렇게 극복하자!

펫로스 증후군(Pet Loss Syndrome)이란?

반려동물을 잃고 난 후 극심한 슬픔과 스트레스로 인하여 겪는 병리적 현상을 말한다.

어떤 증상을 보이나?

일상생활이 힘들 정도로 우울증, 수면장애, 무기력증 등을 경험하기도 한다.

어떻게 해야 하나?

불면증과 우울증 등이 심각한 경우에는 꼭 의사와 상담해야 한다. 그리고 반려동물을 잃어본 경험이 있는 지인들과 대화를 하여 슬픔을 표현하고 나누는 것이 좋다. 반려동물을 잊으려 하기보다는 기억할 수 있는 기념물 등을 통해 위로를 받고 충분히 추억한다.

반려동물도 동거 동물을 잃은 후에 슬픔을 느끼나?

반려동물은 사회적 동물로, 동료를 잃고 난 후에 식욕이 줄거나 구석에 들어가서 잘 움직이지 않거나 남아 있는 가족에게 과하게 애착을 가지며 따라다니는 등 다양한 행동의 변화를 보이기도 한다. 심한 경우에는 '분리불안증'의 증상을 보일 수도 있다. 이러한 경우에는 수의사와 상담을 하는 것이 좋다.

10

Q&A
반려견 케어에 대한 궁금증 13가지

Q 건강한 강아지를 알아보는 특별한 방법이 있나?

A 건강한 강아지들은 만져보면 통통한 편으로 뼈가 쉽게 만져지지 않는다. 그리고 콧잔등에는 습기가 있으며, 식욕이 있고 활력이 넘친다. 대변은 너무 묽지 않고 피부에 탄력이 있는 강아지가 건강하다.

Q 유기견을 입양할 때 특별히 주의해야 하는 것은 무엇인가?

A 질병에 관한 이력을 알 수 없으므로 건강검진을 마친 후에 데려오는 것이 좋다. 그리고 과거에 어떠한 경험을 했는지 모르기 때문에, 특정 대상에 대한 공포심 등 다양한 행동 문제가 있을 가능성을 배제할 수 없다. 그러므로 새로운 환경에 적응할 때까지 충분히 시간을 두고 기다

려줘야 한다. 다시 강아지를 데려왔다는 마음으로 처음부터 '예절 교육'을 시킨다.

Q 강아지와 고양이, 같이 키워도 될까?

A 실제로 강아지와 고양이가 함께 사는 가족들이 많이 있다. 필요한 환경을 각각 충분히 제공해 준다면 함께 잘 살 수 있다. 또한 어릴 때부터 개와 고양이가 함께 자라는 것이 서로에게 적응하는 데 보다 용이하다고 알려져 있다.

Q 특별히 아픈 곳은 없어 보이는데 정기적인 건강검진이 필요할까?

A 건강검진은 '건강할 때' 하는 검사이다. 질병 치료에 가장 중요한 것이 조기진단이다. 건강할 때 미리 검사를 하면 질병을 조기에 진단할 수 있고 치료 효과도 높다. 동물은 말을 할 수 없으며 몸의 불편함이나 통증에 대해 드러내지 않는 경우도 많아, 보호자가 알지 못하는 사이에 질병은 이미 진행되고 있을 가능성이 많다.

Q 강아지가 너무 뚱뚱해졌는데 다이어트 사료를 먹여야 하나?

A 일단은 비만의 정도를 수의사에게 진단 받는다. 다

섯 가지 혹은 아홉 가지 등으로 비만도에 대한 기준이 존재한다. 적절한 목표체중을 정하고 다이어트 사료를 선택한 후, 정확한 양을 먹이고 운동을 병행해야 한다. 간식 등은 꼭 필요한 경우가 아니면 주지 않는 것이 좋다.

Q 비만을 유발하는 음식으로는 어떤 것이 있나?

A 어떠한 음식이든지 과량 섭취하면 비만이 유발된다. 특히 칼로리가 높은 육류가 쉽게 살이 찌게 한다. 그리고 건조된 간식류는 수분이 적어서 단위 열량이 높기 때문에 주의해야 한다.

Q 먹어서 안 되는 음식을 먹었을 때는 어떻게 해야 하나?

A 집에서 응급처치를 하면서 시간을 보내기보다는, 즉시 동물병원에 가서 수의사와 상담을 해야 한다. 간혹 집에서 해결하려고 하는 애견인들이 있는데, 이는 아주 위험하며 반드시 동물병원에서 적절한 처치를 받아야 한다.

Q 양치질을 꼭 해 주어야 하나?

A 강아지들도 치태와 치석이 생기기 때문에 양치질을 통해서 구강건강을 유지해야 한다. 양치질을 시키지 못한

다면 덴탈 껌이나 바르는 치약도 도움이 되겠지만, 칫솔질이 가장 효과적이다. 어렸을 때부터 전용 칫솔과 치약을 이용해 양치질하는 것을 평생 치아 관리 차원에서 추천한다.

Q 꼭 반려견 전용 샴푸를 써야 하나?

A 강아지의 피부는 사람의 피부와 구조가 다르다. 털이라는 방어벽이 있기 때문에, 오히려 피부는 사람에 비해서 약한 편이다. 사람과 강아지의 피부는 산도도 다르므로 사람이 사용하는 샴푸를 지속적으로 이용한다면 피부질환을 일으킬 수 있다.

Q 털은 어떻게 관리하나? 집에서 자주 털을 깎거나 빗질을 하면 털빠짐 개선이 가능한가?

A 강아지들은 털이 어느 정도 자라면 털이 빠지게 된다. 털을 깎거나 열심히 빗질을 해 준다면 빠져야 할 털이 빗질에 의해 제거되기 때문에 털 날림이 줄어든다.

Q 여행 갈 때 호텔에 맡기는 것이 좋을까?

A 평상시 자주 방문을 해서 편안한 공간으로 인식된 호텔이라면 하루 종일 강아지의 상태를 돌봐줄 수 있는 호

텔에 맡기는 것이 좋다.

Q 차에 태울 때마다 구토를 하는데 멀미일까?

A 평상시에는 구토가 없고 차를 탈 때마다 구토를 한다면 차멀미일 수 있다. 동물병원에서 수의사의 처방을 받아서 멀미약을 복용하는 것이 도움이 된다. 처음에는 차에 타는 시간을 짧게 하고 점차 시간을 늘리는 방법으로 적응 훈련을 하는 것이 좋다.

Q 반려견이 산책 중에 사람을 물었다면 어떻게 해야 하나?

A 반려견이 어느날 갑자기 사람을 물지는 않는다. 그 이전에 으르렁거리거나 달려드는 등의 전조 행동들을 보이는데, 그때부터 수의사와의 상담이 필요하다. 그러나 일단 사람을 물었을 때는 사람의 치료가 우선이며, 반려동물이 광견병 접종을 마쳤다는 증명서를 제출해야 한다. 산책 시 반드시 목줄을 착용하고, 반려견이 종종 사람을 향해 위협적인 모습을 보인 적이 있다면 단기적인 해결책으로 입마개를 해 주는 것도 방법이다. 시중에는 착용해도 전혀 불편함을 느끼지 않는 다양한 입마개들이 나와 있으므로, 이런 물품들을 사용하는 것에 대해서 거부감을 느낄

필요는 없다. 근본적으로 이런 사고를 예방하기 위해서 어릴 때부터의 산책 예절 훈련이 반드시 필요하며, 이 훈련은 평생 지속적으로 이루어져야 한다.